读书心语系列

阅读札记

朱同芳 主编

南京出版传媒集团
南京出版社

金陵书苑门店区位图

（手绘图）

读书可以养气

朱同芳

书籍是人类进步的阶梯。中国是文明古国、礼仪之邦，中国人一向以读书明理为荣，读书人受到社会的普遍尊重，“书香门第”也就成了中国文化家庭引为自豪的称呼。中国人爱书，因为中国的传统观念认为，“读书可以养气”。

我们的国家要繁荣，民族要复兴，需要国民素质的整体提高，需要每一个个体素质的提高。知识的贫瘠和文化的荒漠必将导致国民素质的低下。读书是增长知识、拓宽视野、提振精神、塑造人格、陶冶情操的最好途径。

现在，社会风气存在一些缺失的方面。官场上有戾气、腐气、奢气、官僚气，商场上有贪气、媚气、铜臭气，学术界有酸气、傲气、浮躁气，社会上有俗气、怨气、市井气。这些风气的弥漫影响和阻碍了社会上应该有的正气。

风气不对，风气不好，怎么办？养气，养正气。什么是正气？官场上，“文官不爱钱，武将不怕死”是正气，“先天下之忧而忧，后天下之乐而乐”是正气，“人生自古谁无死，留取丹心照汗青”是正气，“苟利国家生死以，岂因祸福避趋之”是正气。商场上，“君子爱财，取之有道”是正气，“一诺千金”是正气，“舍利取义”是正气。学术界，“严于律己，宽以待人”是正气，“天下兴亡，匹夫有责”是正气，“富贵不能淫，贫贱不能移，威武不能屈”是正气。百姓之中，“踏踏实实做事，清清白白做人”是正气，“雪中送炭”是正气，“老吾老以及人之老，幼吾幼以及人之幼”是正气。正气是浩然之气、慷慨之气、磅礴之气、博爱之气，是中华民族的优良美德和独特精神风貌。时下，我们的社会正缺这种气。

气是精神，是气质，是底蕴，是修养。气的形成是一个艰苦、漫长的人格塑造过程，并非朝夕之功可致。人格的塑造，大致有三种最主要的途径：一种来自于家庭、师友的言传身教，一种来自于自己的观察、实践和反思，一种就是通过读书学习。中国传统观念所说的读书能养气，也可以从两个方面来理解：一方面，从形式上说，读书需要身定、心静、神敛。朱熹讲读书之要点为"三到"，即"心到、眼到、口到"，其中又以心到最为重要。可见，能够聚敛精神，心平气和地捧书而读，这本身就是一个很好的训练。再一个方面，书籍是前人智慧的总结，是前人留给后人的最宝贵的精神遗产，书中对万事万物的知识和道理的阐述可以引导读者去即物穷理，进而领悟到自己所未知的领域，深化自己对于世界的认识，从而指导实践。读书就是一个求知的过程，这是在"物"与"理"上对人的心智的塑造。读书可以改变一个人的思想，塑造一个人的人格，最终可以使一个人的精神面貌和内涵修养发生根本性的变化。

反观我们现在的读书状况，实在不容乐观。特别是近些年来，应试教育的弊端越来越明显，很多有识之士呼吁年轻人要多读些"无用的书"。所谓"无用的书"，是相对于"有用的书"来说的，那些与升学、应试、评职称、赚钱等现实功利目的直接挂钩的，大约都属于"有用之书"，除此以外，可入"无用之书"的行列。恰恰是这些"无用之书"，最最关乎一个人的文化素养，最能决定一个人的思想境界。正是这些书，无用而有大用。

读书养气并非一朝一夕之功，书籍是一个人真正的终身伴侣，从幼年至垂暮，终身读书，终身学习，终身受益。特别是各级领导干部，更应该“自觉养成读书学习的习惯，真正使读书学习成为工作、生活的重要组成部分，使一切有益的知识和文化入脑入心，沉淀在我们的血液里，融汇在我们的从政行为中”。读书应当是每个人的自觉行为，就像一日三餐不可缺少一样。

让我们的生活浸满书香，让我们共同营造一个人文的国度。我也希望在不久的将来，“读书”不用再成为“节”。

（作者系南京出版传媒集团董事长、总编辑、党委书记）

目　录

出版前言

“一杯茶，香气袅袅，温润喉舌，沁人心脾；一本书，清词雅句，充实头脑，恬淡心灵。”茶与书在金陵书苑结伴，让人忘却窗外车马喧嚣与缠身俗务，有了那么一会儿或半日娴静且珍贵的阅读时光。

金陵书苑每张桌上皆放置一本阅读札记，每本阅读札记上都写满了读者的留言，每个人都不由自主地拿起笔来，在本子上吐露心声，畅叙幽情。一年来，累计有数万人次光顾金陵书苑，有5000余人次在阅读札记上留言，阅读札记已经成了金陵书苑的一道风景。

南京出版传媒集团创办金陵书苑的初衷在以出版企业和出版人的使命与责任，创造性地推动全民阅读活动，同时打开与市民、读者直接沟通交流的一扇窗口。作为重要的创新之举，阅读札记有幸得到了广大读者的普遍认可与喜爱，我们早有计划在合适的时候将其精编出版。2015年4

月23日适逢“世界读书日”和首个“江苏全民阅读日”，同时也是金陵书苑创办一周年，这正是将阅读札记精编出版的不二佳期。随着第一本阅读札记精编本的问世，为普通读者出书也成为现实。一年来，曾在阅读札记上书写自己心得感悟的南京市民、外地游客、青少年学生，乃至外国友人，都可能在这本书上发现自己昔日吐露的心声，这该是一件多么有趣而又有意义的事！

南京出版传媒集团也愿意借这本阅读札记的出版，表达对热爱阅读，喜欢和支持金陵书苑的读者朋友的最深挚的谢意！愿您的生活因阅读而美好！

南京出版传媒集团

2015年4月

情系书苑

读书可以让人保持思想活力，
让人得到智慧启发，
让人滋养浩然之气。
——习近平

清秋，假日下午，撇下暂时的烦恼与焦虑，来到早就想来的金陵书苑。

一人，几篇散文，伴着轻柔的音乐和清茶，度过普通而不平常的一个下午。

来南京六年有余，却总因现实而没有归属感，好在能有这样一个静静的暖暖的地方，能在书中徜徉，会常来，一份小惊喜，一份小感动。

小明
2014.8.22

这里静静的环境
非常喜欢
希望来过这里的人
心会与这里的环境
一样静

——淡定
2014.6.9

大千世界，多的是想不清的事，多的是看不透的人，不如不想，不如不看，不如捧一本书于书苑，不如，吃茶去。

DQH
2014.10.2

这里书香四溢！

在此读书悦目赏心。

健脑、增智！

浙江读者

范秀梅一门

2014.8.27.

最近很是忙碌，回家路上和老婆商量着找个放松的地方，说话间就看到了书苑，而且居然开了近两个月了，很喜欢，常来。(男)

王小波说一个人只拥有这个世界是不够的，还要拥有诗意的生活。让我们创造诗意的生活！

我爱宝宝！(女)

Y and Z

2014.6.19

我坐在安静的书吧里，

随手拿起一本书，读着读着

就进入了境界。

抬头望着窗外的风景，感

受生活的美好。

动、静，也许太有意思了

静

2014.7.16

雨天，傍晚，走进这里，感受墨香

带给我的静谧，沉浸在书带给

我的安宁之中。感谢周围的书，

感谢墨香，更感谢让我们偶遇

的倾盆大雨。

——小可

2014/7/12.

拥有的
总希望忘却
追寻的
总是虚无飘缈
一曲音符
记录了人生的长短
回首望往
墨香之缘 休戚与共
感慨万千
阅读点亮梦想
苦难辉煌
书香成就人生
遇得慰藉
不亦悲乎 乐乎

在这里沉淀心灵的污垢，感受一份内心的宁静，窗外的车水马龙，工作中的人情世故不再重要，喜欢这里，因为它让我不再那么烦恼，沉浸在自己的世界里，与外隔绝！

与许多人一样，慕名而来。

走进金陵书苑，走进书的天地。

吧员热心地送上西番茶，温馨的灯光，一本书，一只笔，眼前还有一抹绿，享受悠然的下午茶时光。

莫言

2010.9.8

这里很适合看书，氛围确实不错。

想要静心看书学习的来这里的这里的确不失为不错的选择 ^^

喜欢这个地方

安静、清爽

灯光和温度都刚刚好

享受一段阅读时光

让内心沉淀下来

到南京出差，顺便造访，
原只在微信的平台上
默默的交流，来到这里，
体验和感受记忆中的
真实，比意像更温暖！

（签名）
来自广东惠州·8.13
二〇一四

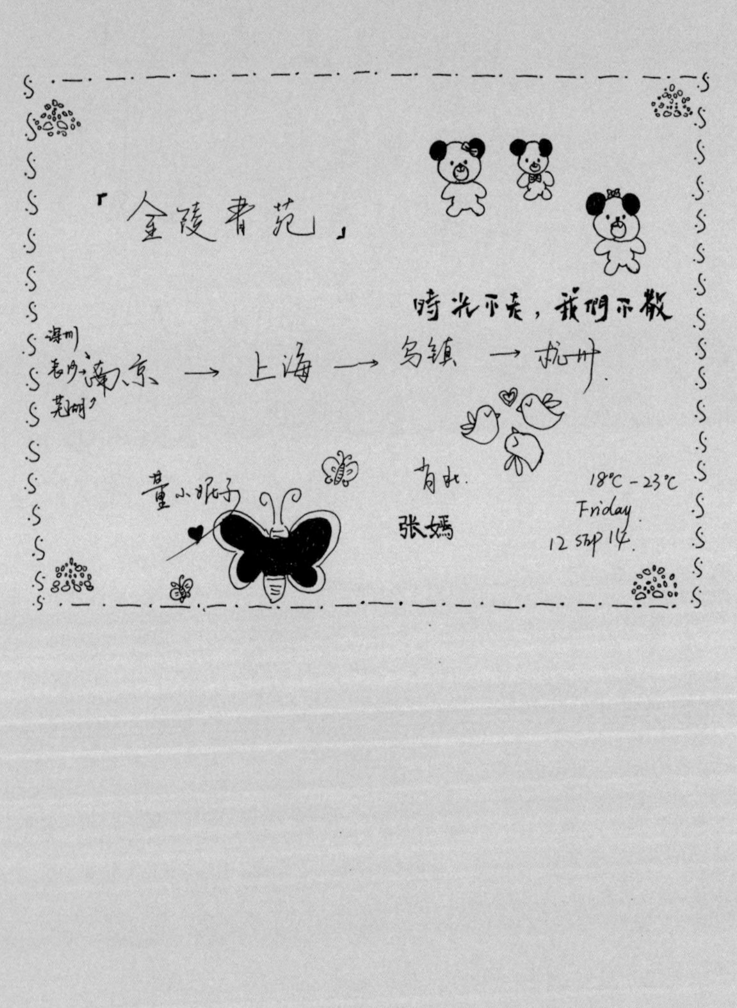
「金陵書苑」
時光不老，我們不散
南京 → 上海 → 烏鎮 → 杭州
有北
張嫣
18°C - 23°C
Friday
12 Sep 14

2014.12月11号

在浮躁的社会，在繁忙的城市，

有地方看书，听音乐，真好！

我相信：我们的城市会越来越美丽，

我们的社会会越来越和谐。

Hi, NANJING. HOW ARE YOU!!

Dec 11, 2014

后来的夏末和飘雪的长夜，

或是余生，在此地，或是异乡，

一个人，一本书，一座城，一剪流光。

上官竹婷

2014.10.26

一记于金陵书苑·城里书香

初到此…

武定书里香
人浓意更浓

记再去之路

谢客 2014.10.18

金陵书苑，不愧是
金陵第一书吧：书香、咖啡香，
香气袭人。

重洋

2014.6.5

生活中最好的东西都是免费的。

手机没电了，老板很好地借了我充电器.

2015年第一天我有点寂寞，于是来到了这里. 这里很温馨.

我想我定是一个追风景的人，没有去过的地方总是对我有着极大的吸引力，然而也恰恰是这种好奇心促使我看到了很多别人看不到的景致。

我喜欢在这里，沉迷于墨香书卷中，忆旅行，看远方。

Molem
2014.7.13午后

译：

这个地方真漂亮！
感觉就像置身于欧洲。

索菲亚
来自英国

偶然推开了那扇门
柔和的光线透过
才知道在我们的身边
有这样一个地方
书正是我们最需要的东西
富足了精神与心灵

2014.11.9
LZY

致《墨香缘》

远和近，有时是一种距离，而你的名字，将这段距离理解成一种缘。

缘，是这里银灰墙壁间古朴宁静的印象；缘，是这里开放的书香文海的味道；缘，是熠熠烛泡下泛着文字的脸；缘，是未来这里之前便被告知的无数人的梦；缘，是我将薰衣草原的愿望移植到这里；缘，是你所谓的“宁静致远”，还有无数过客弥留于此的小小心情！

葡萄枝子

2014.6.14

2015年的第一个上午，我登上了明城墙，让辛劳了一年的心放松休闲一下，当下到城墙武定门段的时候，一个静雅的书吧映入眼帘。

金陵书苑，信步进入，温暖、宁静、老人、年轻人在静静地阅读，我举起了相机，记录下这一刻。没想到新年第一天在书吧度过，很美，很享受。

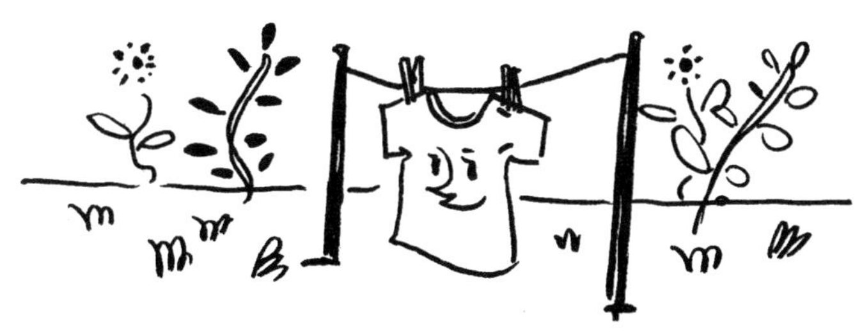

这个冬天最好的去处，就在此了！

舒适、古色古香，让人流连忘返。

身心放松，畅游在文字的海洋中。

真是让人陶醉！

感谢主办单位及现场工作人员。

祝越办越好！

2014.12.18

喜欢这里的静，到了这里，每个人便不由自主地低声细语。一张桌子、一盏灯、一杯热腾腾的柠檬水，一本喜读的书，还有服务生一张笑意盈盈的脸。温馨的读书场所，亲切的交流地——金陵书苑

江雪

2014-11-29 午后

喝着水果茶，看书，很舒服。
第一次来，很开心。
这是属于大家的

Secret Base

——多丸子

2014.9.14

2015年1月22日。

初到南京，偶闻金陵书苑，无论是缘是份，南京，我来了，来寻找一份"缘"与"份"的归宿。

许涛chen.

快递价员考试了，第一次过来看书，感觉很舒服，有轻音乐，安静的氛围，不是刺眼的灯光，空调很暖和，很适合看书。意境也很好，古老的城墙下，各种哲人的书籍，各种学术思想在这里交汇，本身就是一个很醉人的地方！

刘

—2014.12.6

2014年11月1日 Pm. 17 

今天很开心来到这个地方，
环境和吃的小东西都超棒。
其实今天是我生日哈哈，特别惊喜
能让我发现这个“宝藏”。
本来路途遥远怕自己失望，
来到和舍友看了会书，玩过之后，
超喜欢，下次还会来，
祝金陵半书吧越来越棒，
祝我20岁生快～
祝大家都幸福快乐，
安好。

生日快乐！ — 陌生人

祝垣里书香
越办越好

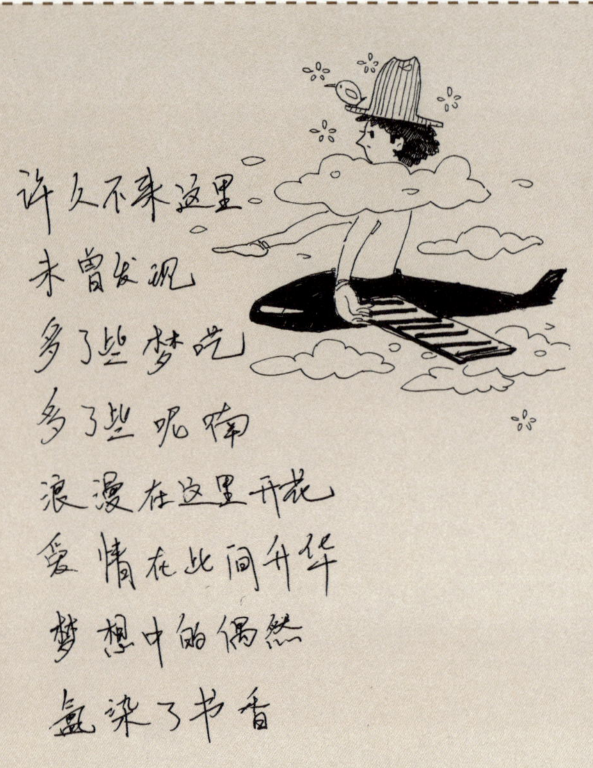

小R

2014.7.29

自信❤阳光点嘛.

化茧成蝶

我的青春　在路上!!

喜欢书苑的氛围，静谧，清幽，远离世俗的喧嚣，安安静静地在这里做一位小文青，打发闲暇时光，品读书香，也是一种悠然绿色的生活方式～哈哈～感觉自己相当文艺啊有木有啊!!

@白日梦小姐

2014.9/9　金陵书苑

很早前就听说了这家城市书吧，

今日抽空得来一坐，环境不错！

陪伴我度过了一个清静幽雅的

夏日之夜。

看了三毛的“你是我不及的梦”。

翻阅了好多本时尚杂志，尤其是

最喜爱的旅游杂志。不是因为时间

关系，但就是留了本杂志没有看完。

因为相信不久后会再来一坐，也会把

她推荐给身边的朋友！:)

2014.7.26晚

宁静的夏午，在送妈妈去火车站的路上，发现的这家书店，偶遇的感觉总是最好的，就像我和媳妇最初的相识，美妙，自然。感谢书店的掌柜给了我们一家三口悠闲的时光，感谢妈妈和阿萍的一路陪伴

GYQ

家住在附近，可是，这却是我第一次来……

直到我坐在这里，才感到书中的宁静是如此的美好。

离开这座城的日子渐近，有点不舍，有点留恋……

谢谢这里，让我在迷失自己时沉淀自己，在阅读中认识自己，一个人的时光也可以很美好。不用去为不珍惜欣赏自己的人难过，要做的只是让自己更优秀。

sasa.

2015.

点个赞

"垣里书香"，创意不凡。
金陵添景，城垣留芳。

老少齐聚，雅俗满堂；
闲坐小憩，神怡气爽。

美了古都，香了垣墙；
一声赞叹，"垣里书香"！

陈许邓

座家三老翁

2014.10.30.

有位先生担忧，这么个好地方能坚持多久！

理想很丰满
现实很骨感

为此，头次来的先生点了茶饮。

2014.9.27

不求闻达
只喜读书

每个星qī天我dōu来这里玩哦！shùnbiàn到这里看书，夫特别xǐ欢看yī suǒ yù yán。

···鲍思成☆☆

☆

'12/4

偶然南京：

今年夏天偶然脑海闪现南京，一家三口决定旅行南京，昨天去了玄武湖、夫子庙；今日从天文台下来，挥汗如雨，但感觉非常好，喜爱南京的螺丝、炒蚬子……下午出发扬州，在金陵书苑小憩，感觉很舒适，不错的旅行、不错的书苑……

2014.7.23.午12:03

Zhou

来自xian

南京，
是我的根。

2014.11.17.

暴走明城墙！
从神策门→太平门

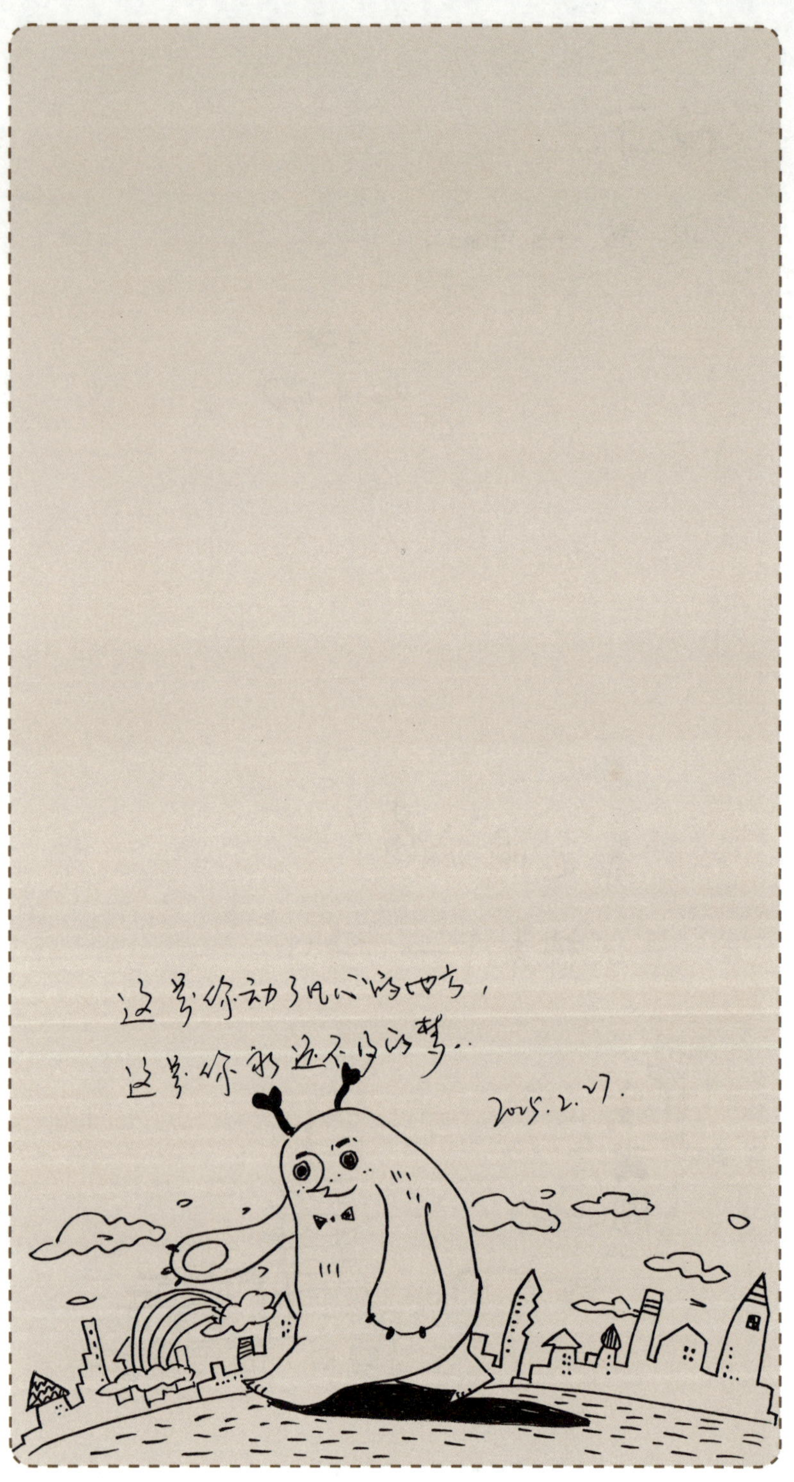
这是你动了凡心的地方，
这是你永远不了的梦..
2015.2.27.

转角遇到——金陵书苑
小清新，微文艺
安静地享受寂寞时光
从此南京又多了一个爱她的理由
一本书，一盏茶，一般滋味……

——東
2015.2.7
期待 Next Time!

2014年12月14日 周日

人生是一种信念！

相信美好，自然会遇见美好！

Coffee

Jean-sun

金陵书苑

橘黄色的灯光总让人有点倦意，脑子里昏昏的，偶尔外面传来汽车的鸣笛，里面，只听到暖气呼呼的声音。我在这里安静的发呆，想着下一秒又会有谁来……

——洛

2014.12.27

我来过这里呢！
JJ

金陵书苑于闹市中辟一方净土，
虽处南京四年，不闻此地，甚羞
今与友同来，阅一本书，喝一杯水
步见静谧时光

楼主雅致

2015.2.7 王辉

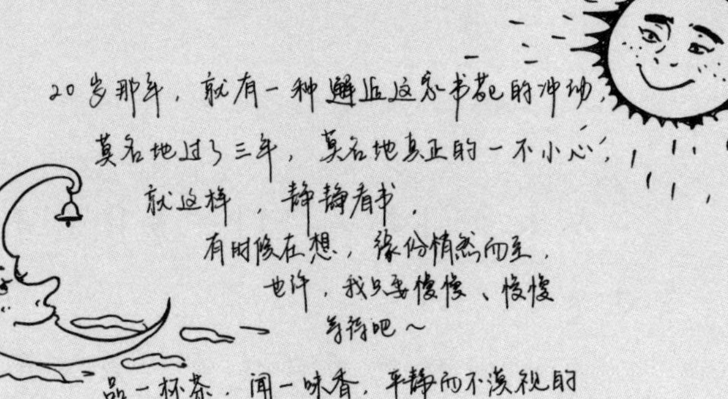

20岁那年，就有一种邂逅这家书苑的冲动，

莫名地过了三年，莫名地真正的一不小心，

就这样，静静看书，

有时候在想，缘份悄然而至，

也许，我只要慢慢、慢慢

等待吧～

品一杯茶，闻一味香，平静而不漠视的

品味生活！

希望研究生涯过的比较完美，

原谅自己无厘头的随笔～

静谧的读书环境，让浮躁的心沉静

随处可找到自己喜欢书，让书香浸润心灵。

看书、写作、随缘、随喜、偶感、偶记、不刻意。

2014.12.7. 乐乐妈 感书于金陵书苑.

从太平门到武定门，最终我还是过来了。

我也同样很喜欢这里，从墨香缘到垣里书香，都有着太多意义。也许这里是未来，那里更多的却是回忆，所谓物是人非也不过如此，生活在变，人也在变，所有一切都在改变，不变的只是感情。

等餐和吃一碗面的功夫，看完了整本笔记。每一张，都是认认真真看完的。

我们之所以喜欢在这里毫无压力地吐露心声，或许是因为每个人都渴望被关注却又害怕敞开。

这个安静舒适的书屋里，一支笔，一个本子，满足我们安全地吐露心声的需要。

每一个来的人看到别人的秘密，也留下自己的秘密。

愿这小屋，这本子，给此刻的你一丝安静与温暖。

2014已接近尾声，在过去的一年里，每天都要经过这里。可每次都是行色匆匆，从未真正踏足，直到离开了这个区域，却回味起这里的与众不同。恰逢周末，在朋友的提醒下，总算真正进入这喧嚣城市里难得的一方净土。在这里，可以把工作的烦闷，生活的苦恼暂时都抛诸脑后，静静地享受着音乐与书香，当然还有美食。真可谓是身心的一次荡涤。于是竟萌生了老了以后也要开一家这样的书吧的想法。哈哈。应该会实现的。眼下，只能用一句话来表达我对这里的情怀：以后会常来！！！

静远

喜欢这里的静，到了这里，每个人便不由自主地低声细语。一张桌子，一盏灯，一杯热腾腾的柠檬水，一本爱读的书，还有服务生一张笑意盈盈的脸。温馨的读书场所，亲切的交流地——金陵书苑。

偶遇此店，心事颇多。陪宁儿考研2日，深知她压力很大。其实人生道路千千万，很多时候我们都步入死胡同，但是柳暗花明又一村。

所以，我愿我关心的人“心想事成”。“心想事成”四个字原来是这般含义。当年他也是这般告诉我的吧。

愿时间回馈给那些善良的人一些美好的事物吧！此刻，I miss U.或许，我们此生无缘，愿我永远记住此刻，记住那时的你和我……

Starsue
2014.12.28

很好奇，一个在图书馆工作的人，居然也会跑到这里。最好笑的是，听着旁边人高谈阔论。

身处现代社会，每个人都很寂寞，每个人都渴望有一个倾听者。

我们藏着太多秘密，带着太多包袱，拥有太多面具，走的太快，想的太少。

是时候停一停了，脚步再慢一点，人心再缓一点。放下手机，放下平板，多看书吧。

（完全在打发时间的写，完全不知道自己想表达什么。也许我也是时候该让自己沉淀一下了，让脑子充实起来）

2016.12.30

To：金陵书苑
今天是圣诞节呢，书店里处处洋溢着圣诞の氛围呢.
我和伊娃在这里度过一个美腻而惬意のAfternoon
好吧，我要开始美好の阅读Time啦.
愿大家平安幸福！
Maggie.

在南京生活了近20年，城墙也走了无数次，今天发现了"金陵书苑"，顿时觉得南京更文化了。喜欢"先锋书店"，今天我要说"我也喜欢金陵书苑"。

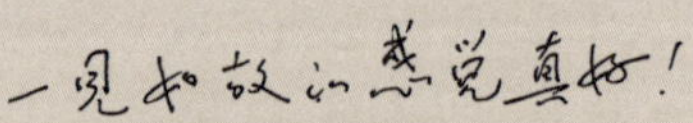

背起行包去流浪
2015.2.14

周四，路上、城墙下、匆匆路上人。

和朋友慕名而来，进店就看见两位老者端坐在桌前，音乐、开门的铃铃响……都未曾使他们抬头，似乎什么动静都不足以打扰老人沉浸其书中。

此刻，我坐在这里，和友人，喝茶，轻语，拍照……已一个小时过去，在三面环书的世界，竟也难以翻动……

亲爱的青年人们，愿你不会如我一般，被无谓所抛弃，愿你在这里，在很多地方，放下手机，放下电脑，放下社交软件，安安静静地，读上一会书。

——@蔚薇
2014.12.18.

第一次来南京感觉这里空气很好，喜欢南方的天气！

已接到录取通知书的我，能够放轻松的在外面游转，今天就要离开这里了，去杭州又会是不一样的心情，走过“屠杀纪念馆”的沉重心理，会一直留作回忆……

——来自西安的一名新大学生

那一年烟雨

这一日迷离

雨幕中的玄武湖

回眸中的梧桐叶

一个人的徘徊

是一座城的挽留

一个人的决绝

是一座城的迁徙

By 苏

金陵古城，有闻而未见，今有幸游之，感触颇多。生活在北方的我，心中总是浮躁，在生活中没有任何目标，有时心中确实苦闷。我向往南方城市舒适、淡雅的生活环境，更想深刻地去了解古都的大气和底蕴，希望有机会能够再来，去深刻地体会。

意志如刚
2014.6.16

心中住着一只向往自由的
小精灵
宅不住，向外飞
玄武湖畔看荷花，听鸣蝉
金陵书苑一杯清水一支笔
周围的书香，淡淡的灯光
微闭眼，独自沉醉
世间繁华无数
我独爱这里的宁静
都市人爱去远方去旅行
去远方寻找被遗忘的自己
其实，一杯清水一本书
书中有我们的影子
书能整理我们疲倦的身心

来南京快两年了，发现南京是座繁华而又美丽的城市，古老而又有韵味！那天闲得无聊来到武定门公园玩，走到城墙下发现了金陵书苑这个娴静舒适的地方。对她的第一印象就是喜欢，后来有时间就会经常来坐坐。今天结束了忙碌的工作，带着大哈来到这里，大哈给了32个赞，金陵书苑真是个好地方！！！小伙子也很热情，贴心的服务，她真正让我在这个城市静下来。

深巷
2014.11.24

挺惊喜，可以带女儿来，

带老公来，带朋友来，

也可以一个人来。

感受南京的文化，

旁边老者的经历，

神秘未知之旅。

悄悄的妈
14.12.27

大学毕业到现在已将近半年时间了，好久没有安静地读一本书了，现在的工作，每天就像徒步旅行，与各种人打交道，有时候真的很累……今日路过此地，偶然发现在喧嚣的南京城中竟有如此安静的一隅。于是，欣然入内，哪怕闲翻几页书，让浮躁的心得片刻的安静也好。

以梦为马，脚踏实地，勿忘初心！

段青一郎
2014.11.18

毕业离开河海，便是江湖，时隔一年零三个月，再来南京，已嫁为人妻。

就是在这样温暖的午后，手捧一杯可口的coffee,阅读着充满墨香的书籍的时光，也许不再重来。

一个人总是要走陌生的路，看陌生的风景，听陌生的歌。一个人身边的位置就是那么多，一部分进来了，就有一部分要出去。

如今的生活，虽然很忙碌，但也很充实。现在的我，已不再是去年为找工作感到迷茫不安的姑娘。我相信，人走在路上，只要方向正确，每天都进步一点点，那么离成功的距离会越来越近。

加油！everyone！想念南京！想念你们！

——南通Shelley
2014.11015

人生感悟

金陵书苑·垣里书香

在一场暴雨的午后，
与恋人静坐书苑，
看着古都南京街道上的车来车往，
聆听悠悠的乐声，
细嗅纸张的墨水气息，
心绪在这一刻已然平静如水。
@请叫我杆子君
30年后，你还在我们还来！
30年前，在这里有缘相聚！
30年中……

敬请期待

Juice
2014.7.25

成长就是从尖锐变得柔软
从倔强变得逐渐妥协

闹市里，总有个安静的地方，
在这里，一层玻璃隔离了两个你，
玻璃里面的你，是五味杂陈的一碗汤，
每个人，都有不同的选择，
我的选择，
也许只是这页纸上的字而已！
坚持去做好自己，
才是最重要的。

Jack设计师

青春是一场无知的奔忙，总会留下颠沛流离的伤。请相信上天的旨意，发生在这世界上的事情没有一样是出于偶然，终有一天这一切都会有一个解释。

东方和

生命的每一刻都是弥足珍贵的。清晨，我们感谢旭日升起时所带给我们的温暖和希望。黄昏，我们感动日后的余晖所散发出的温馨和华美。无论风雨漫天，无论荆棘遍地，生命永远是一段值得享受的旅程。

小N
2014.8.10

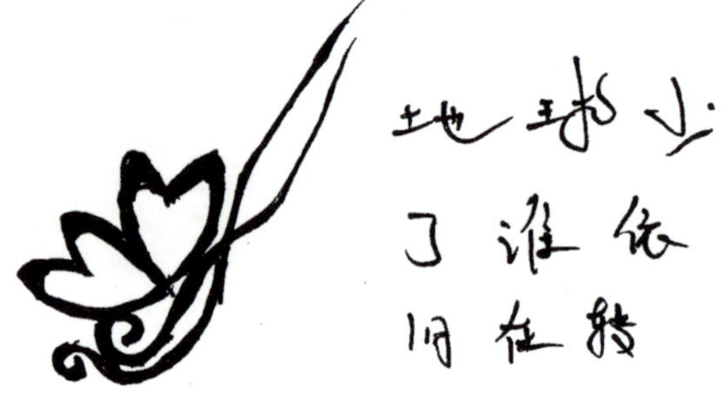
地球少
了谁依
旧在转

告别一段感情，用了半年。一直以为是放不下，后来发现只是不甘心。曾希望彻底抹去永远再见，但后来发现，别太刻意，一定会有痕迹。

还好，后来的后来，只是痕迹。身边爱我的人，在发现，在体验，在选择。希望即使平凡，但有追求。

我还是那个最棒的我。

失去的东西，回来与否，不重要了。

愿你所见

我们都在最没能力给别人承诺的时候

遇见最想承诺的人

也在为了理想不得不前进的时候

遇见最想留住的人

Yichen

2014.7.9夜

日出日落，早出晚归。绝大多数人的生活是枯燥、重复的。走得再累，跑得再快，回头一看只不过在原地踏步，不前不进。嘴上说着平淡是真，脑子里却一次次幻想着逃离，现实中又不肯放下自己已拥有的。在犹豫与踟蹰间，时光就这么悄悄流逝了。

蜂蜜紫薯 Honeysweet0912

2014.6.21

喜欢就喜欢

不喜欢就不喜欢

哪有那么多纠结和挣扎.

人生短短 1万天

若是将每天分成三部分, 那你生活只是

只有 起床 工作 睡觉

累不?

让自己快乐起来吧

你还有我

Have a nice day

——2014.6.21 夏至

So dim that spotlight

Tell me things like

I can't take my eyes

Over You ...

Dear James

I wish U All

The Best ><

译：

所以调暗那聚光灯吧

请告诉我

我的视线不能从你身上移开……

亲爱的杰姆斯

我希望你一切都好

慢慢才知道：

人这一辈子，曾经说起誓言，后悔了敷衍，忍得住欺骗，忘得了诺言

慢慢才知道：

给自己一个过渡的空间，学会思索，学会等待，学会调整。

人生，有很多时候，需要的不仅仅是执着，也需要回眸一笑的洒脱！

2014.10.2

[illegible]

"如果"都是你永远

无法抓住的机遇。。

2014.6.6

小喵.

人生即是一场修行，有水，有船，有人，才能到达彼岸。

Vicky 2015.1.16.

再不用力跑，就來不及了。

時光匆匆，誰的生命也不到誰去控制，這一刻的沉悶平庸，下一刻便能灰飛煙滅。

世界太大，不少人窮一輩子，卻只是會生活在自己的生活圈裡。小確幸是容易得到，也很動人的滿足。可當白髮蒼蒼，回首往事，誰會不後悔當初差一刻便感受到的觸動？

如果……可哪有如果？

不要讓自己後悔。不要令自己在來不及的時候落淚。

如果跑不起來就用飛的吧。

我願我能飛。

26/7/2014

爱你的人，对你的要求很少。

可以在想你的时候抽时间看看你。

可以在寂寞的时候和你说句话。

这就是她所有的幸福。

其实孤独并没有什么，不见了也不算什么。

所有的一切自有它的归宿。

我们等着看淡，等着不了解我。

等着释怀，躲到岁月的尽头也触及不到的地方。

摘。

金陵书苑。

2014.6.20.

当时年轻，哪里懂得团圆的可贵。
这几年经历了许多离散。
时日有些人是见一次少一次。
指不定哪天就再见不到。
而我们却连一张正儿八经的合照也没有，唉。

爱情从来都跟配不配无关。
往往跟你在一起的，
都不是各方条件最好的，
但却是最喜欢的。

2014.7.15

我喜欢这里
——墨香缘！

在我怀着一颗理所应当的心，
循规蹈矩地度过每一天的时候。
在这世界上或许存在着另外一个自己，
他在努力认真地活着。
他还在想着一些似乎是没什么答案的问题：
这个世界到底是怎样的？
他仿佛随手就抄起一个网兜，
跑了出去寻求答案。
沿着光，
乘着风，
追逐着流星，
背景是巨大壮丽的宇宙。

赵爽
2015/1/24
于金陵书苑一隅

爱是经不起想的，你想的越多，伤就会越痛。有一天你会发现，原来爱情真没那么重要。因为一生中会有很多段爱情，而陪你走到最后的，始终只有一个人。这一路上你会受到伤害，其实真正需要强大的，不是你的外壳，而是你的心！

毛

2014.7.1

人只有在逆境中才能成长。对于刚踏入工作仅一个多月的我真的学到很多很多……

做人、处事、说话，在一个管理不善的小的民营培训机构，承受的有时候远远超过你所能想象到的，而这些都不重要，重要的是你愿意做，希望成长。多鼓励自己，一定能做好，必须做好。过程是艰难的，结果会是美好的，要快乐地前进。因为你不是一个人，有个人默默关心你，

——可乐在跑

愿自己永远拥有最朴素的生活与最遥远的梦想。

美好的结局不等于美好的开始，人生不可能像童话般一帆风顺，珍惜挫折，它能让你成长。

一名平凡的孩子
2014.8.24

光阴蹉跎，世界喧嚣，我自己要警惕，在人生旅途上保持一份童趣和闲心是不容易的。

如果哪一天我只是埋头于人生中的种种事务，不再有兴致趴在车窗旁看沿途的风光，倾听内心的音乐，那时我就真正老了，俗了，那样便辜负了人生这一趟美好的旅行。

一样东西，如果你太想要，就会把它看的很大，甚至大到成了整个世界，占据了你的全部心思。

其实，最后无论你是否如愿以偿，都要及时从中跳出来，如实地看清它在无限时空中的微不足道。这样，你得到了不会忘乎所以，没有得到也不会痛不欲生。

有时候人就是那么奇怪，
受了天大的委屈都不会吭声，
但听到安慰的话却泣不成声。
从今天起，打起精神，不磋砣，不颓唐，
喜怒不形于色，大事淡然，
以努力的姿态，过生命中的每一天。

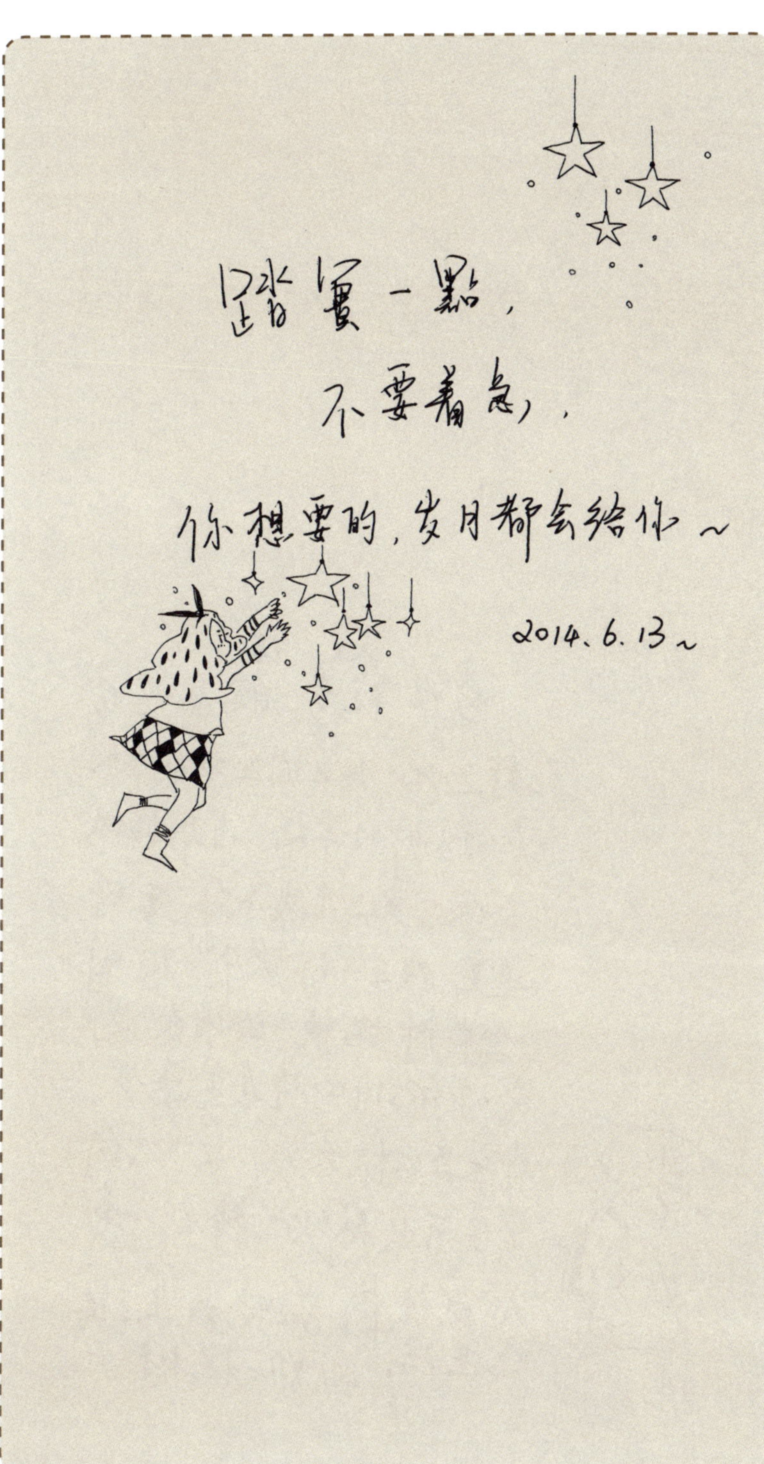
踏實一點，
不要着急，
你想要的，岁月都会给你~
2014、6.13~

心得

在喧哗之旁，有这么一方清
静之地，真为这座城市中生
活的人们的幸福。当你忙碌
了一天，晚上走出家门，来到
这里，拿上一杯饮料，翻阅
一些书刊，诵读一些诗文，发
表一下自己内心的真实感受，
那是多么快意呀！人生又何
尝不可以如此，静下心来，
好好读书，品味人生，快
乐生活。2014.9.31 一棵树。

实习半年，徬徨半载

留，抑或是离

权衡的天平始终在摇摆

今天是6月21日

就在6月17日，开始有回家的心愿

6月18日

6月19日

6月20日

心定了，人明了

一切

都放晴了

陈呀么陈

2014.6.21.

晚 20:08

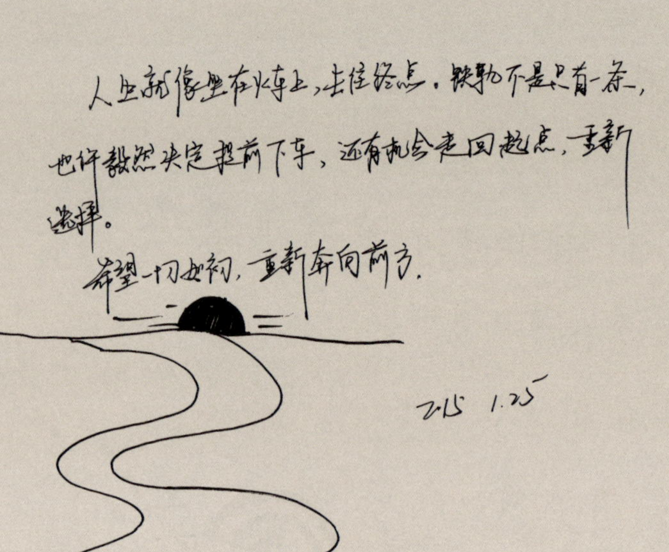

人生就像坐在火车上，去往终点，铁轨不是只有一条，也许毅然决定提前下车，还有机会走回起点，重新选择。

希望一切如初，重新奔向前方。

2015 1.25

再过3个小时，2014年就要掀过一页了。

让在此刻的时间停驻点，我想要分秒定帧，也不可能。此时，最想写下的话，望2015年的我能够快乐工作，愉快生活。

借《匆匆那年》里的话：

年轻时我们总是在开始时的不够珍惜，在结束时痛彻心扉，而长大后的我们避免了幼稚的伤害，却也错过了开始的勇气。

不悔梦归处，只恨太匆匆，但已回不去了。

我觉得之所以说相见不如怀念，是因为相见只能让人在现实面前无奈地哀悼伤痛，而怀念却可以把已注定的谎言变成童话。

遥想起当年怎样怎样，我才发现原来我们已然长大，也有了所谓的曾经，也有了故事可讲。

我们总是在开始时毫无所谓，在结束时痛彻心扉。

我们没有激情燃烧，也没有血色浪漫，但我们有匆匆那年。

很久以后我才明白：所有人来到你生命里自有他的意义。人最难的就是学会怎么平静地面对离别，而这个世界的吊诡之处就在于：当你学会平静对待离别时，那个人已经在你心里永远不会走了。

我希望我们都能记住那些在你生命中留下一笔的人，那些在深夜陪你聊天、那些默默陪在你身边、那些生病时在你左右，那些你难过时会想起的人。

正是因为这些人的陪伴，你才变成了现在的你。好好珍惜身边的每一个人，一如珍惜自己一样，那使你终究会面对离别。

——凡卞

做一个安静细微的人，于角落里自在开放，默默悦人，却始终不引起过分热闹的关注，保持独立而随意的品格，如是。

——洛

我找不到你
只能呆呆地站在这里
等被你发现

Evelyn

记者采访路人情侣
出一些考验彼此默契的题目
问上一次接吻是什么时间
女生明显是害羞紧张了
歪了头还在想日期
男生揉揉她的头
低着头就吻了下去
然后把发懵的女友搂在怀里
对着镜头说：刚才

2014.6.21 未至

谢谢你

也许再等一段时间就不纠结了

时间对我来说

就是遗忘，再是回忆

朋友是经得起磨合的

有些友情终止在半路

我并不后悔

因为曾和她有过一段快乐时光

也让我更加坚定

你是我的朋友

It’s wonderful to have you in my life.

2014-7-14

步入中年，早已淡忘学校图书馆读的感受。也不习惯书店里淘书或蹭读。

这里，罕有的安静，书虽不多，但足够沉醉一下午。

安静地读书，身旁是那个整日里需要我伴读的小精灵。

淡淡的幸福落在灯下的这个角落，它会温暖一对母女。

Mama & Nemo

静水流深。

平淡就好。

Jenny.

2014.8.22

我的自持
是为了某天得到可去任何一种远方
的自由.

桃桃
2014.06.03 20:10

告诉自己:
加油!加油!
未来的我会感谢曾经努力的自己!

飞
2014.7.5

人的一生会遇到两个人

一个惊艳了时光

一个温柔了岁月

我喜欢来这里

因为我的闺蜜

一个惊艳了我时光的女人

村上春树说："有时，所谓人生，
不过是一杯咖啡所带来的温暖。"

开一间小小咖啡馆，是我终将会
实现的梦想。

会游的猪头肉
2014.10.6.
金陵书苑.

Time flies quietly while I am staying here.
In a couple of weeks, I will fly to London to study there. I am a lottle bit sacred in that it is my first time to set foot on a new land thousands of miles away all by myself.
God blesses me! Surely, I will try my best and get my master degree!
I will always miss my family and this place.

Writeen in a sunny afternoon

译：

呆在这里的时候，时光静好，不知不觉地流逝。再过几个星期，我就要飞往伦敦求学。因为这是我第一次独自踏上千里之外的陌生的土地，我有一点紧张害怕。

愿上帝保佑我！当然，我也会尽自己最大的努力取得硕士学位的！我也会常常想家和这个地方的。

写在一个阳光灿烂的午后

亲爱的雯：

生日快乐、快乐、快快乐乐。

身体健康、健康、健健康康。

年轻漂亮、漂亮、漂漂亮亮。

萬事如意，如意，如意……

心想事成，事成，事成……

青春永驻，永驻，永驻……

萍
群

2014.9.16.

2014年9月16日

2014.07.11.

旅行的意义在于______

1：去逛几家超文艺、超小资的店，为家人、朋友选购礼物

2. 放松身心，重拾真我

3. 和大自然来一次完美邂逅

4. shopping减压

5. 与家人或朋友亲密接触，沟通情感

6. 追忆、感受人文与自然的美妙结合。

7. 美食不离口。

8. 最古典的运动方式。

9. 别样生活在踏入他乡那一刻开始。

10. 更加珍惜身边的人……

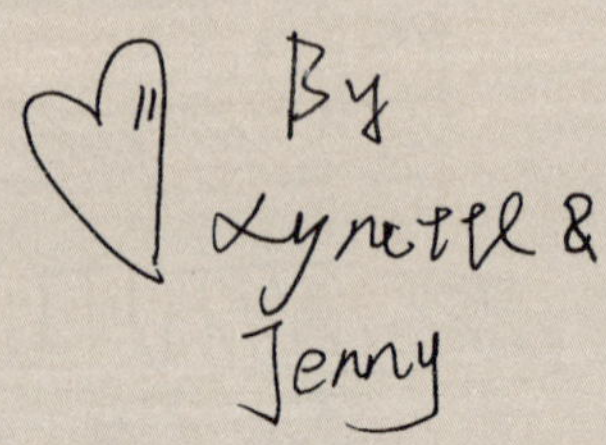

我们曾一起坐在这样的角落，阳光很好，微风不躁，时光不老，情谊不散。

——好.

张雷

2014.5.27.

午后.

Stone:
忙碌的日子，
总是能想起你读书的样子。

没有梦想　何必远方

人生微语：
清醒时做事，糊涂时读书，
大怒时睡觉，独处时思考。
凡是你想控制的，其实都控制了你……
愿岁月锤炼你一副丰满的灵魂和清瘦的欲望。

人生就是躺在病床上年迈的外婆

这一天，这一月，我开始了第一次打工，但是不管我的生活是怎么样的，骨子里仍是一个小资。

2014.7.28 我在为青奥工作，因此我可能错过了许多。但是，错过也许是为了更好的相遇。

I believe I will see you.

Kristen.

我想使尽力气让那段记忆完好无损，每一次回首过去，都像是在看一面月光下起伏的黑色大海。连绵不断的浪潮，在月光下翻出黑色的色泽，像是被回忆吞没般的失重感，耳边的潮汐声像累积一年般轰然爆炸。

我跳进黑暗的大海游泳，只可惜非能水也，葬我以浪。

我希望有一个如你一般的人，如山间清爽的风，如古城温暖的光，从清晨到夜晚，由山野到书房，只要最后是你就好。

LZR留
2014.9.6
（我在背《出师表》）

2014.8.20　　Wednesday

椰汁西米捞：

菠萝、杨枝、椰果、西米、椰汁、樱桃、黄桃

&.爆浆的果果(里面是酸奶)

好吃的♡　有点凉

上次的鲜奶奶茶

味淡不甜腻、美味♡

我发现可以给小宝长大后吃的食物 ☺

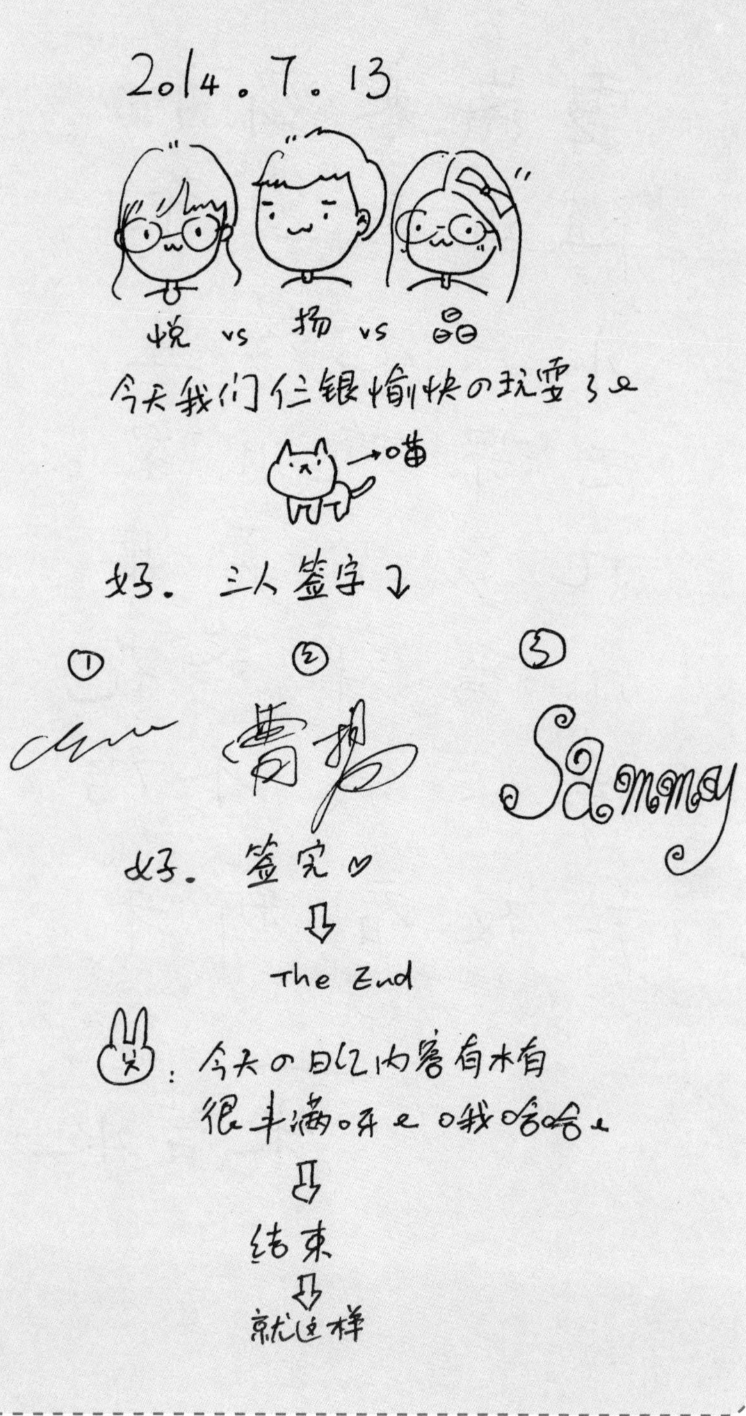
2014.7.13
悦 vs 扬 vs 晶
今天我们仨银愉快の玩耍了
喵
好。三人签字
①
②
③
Sammy
好。签完
The End
今天の日记内容有木有
很丰满呀 哦哈哈
结束
就这样

下茶里家事花语芽
窗空海旧劳落不新
寒品沧掩尘葬笑看
落山天深多番心枝
雪随水云几几佛拈

——朱若水

我能想到的是

一杯杯咖啡的背后

一本本书的背后

那些未知却又美好的一个个人生

而我和我的同事的辛劳

能把这些美好带给你们

真好

祝福你

金陵书苑绘图

yang song

2014.10.30

郎骑竹马来
绕床弄青梅
同居长干里
两小无嫌猜

海彤
静
韩韩
二〇一四·十一·二十七

2015年02月08日

偶然邂逅你

你在彷徨里

待你成追忆

何处是吾依

——泥凝土

今天要比昨天更努力.

多一份微笑.

多一份自信

成功就会离你更近一步.

陌路锁秋

2015.2.25.

叶子落不完秋天想说的话，就留给冬天吧！你要听吗？

云朵散不开，都拒绝回自己的家，是太怕惹的吧！多淘气啊！

一个人常走夜路，会孤寂吧！温度一低，氧气就缺乏.

你看那么多雪落在地上，是多白净啊！

关于回忆，就不要再提了.

忘了吧！

听说寒冬里最温暖的，是两个人拥抱吗？

如果你也不怕融化，那就让我抱紧你吧！

尚尚念

艺君写

2015.1.2

走累了，坐一坐，透过玻璃窗，看窗外的风景，看路上行人匆匆，路人也透过玻璃在看你。

2014.12.24 平安夜

这一年收获了我的宝贝女儿很忙乱，但也很幸福，充实，谢谢宝贝来做我的小孩，让妈妈越来越成熟。

这一年老公很辛苦，为我们的大house各种努力，为着我们小家的未来更加美好，承担了太多的压力，谢谢你来做我的老公！

这一年，父母离开老家来帮我带宝宝，虽然有争吵，但总算坚持下来了，谢谢你们做我的父母，帮我操持我的小家！

平安夜没有太多愿望，希望全家永远整整齐齐，平平安安！

最难过：

在空无一人的机场等一艘万众翘首的船。

最期待：

船还未到岸，一切都有可能。

最实在：

走好脚下的路，机场的地铁早晚能通到码头。

Rafael

2015.1.11.

城门城门几丈高，
三十六丈高。
骑大马，带大刀，
走进城门走一遭，
问你吃橘子吃香蕉。

2014.11.13

"要有最朴素的生活和最遥远的梦想，

即使明天天寒地冻，路遥马亡。"

青春不朽，感谢十八岁的时光。

鲜花常盛，感谢你们的陪伴。

一抹墨香，一段时光，一段美好。

不是在最美好的时光遇到了你们

而是因为你们，我才有了最美好的时光。

"青春无法用一段时光来衡量。"

正如我在作文中写道。

但这段时光却是青春中最美的片断。

时光易逝，然青春不朽。

我存梦，因而不会停留。

Lin_Z.

2016.6.11.

于墨香阁.

品书饮茶解烦忧，
梦入书中心自由。

2014.11

有多久没有坐下来好好看本书了，每天不停的加班，上课到底为了什么，算不上是个爱看书的人，但偶然间找到这家书店还是让人欣喜。

闲暇时光，一杯清茶，一本书，给忙碌的生活留点空间留点时间，给心灵一个归处。

今天是忙碌的，但又是开心的一天，因为此时我坐在这里做我喜欢做的事，写字，看书，喝茶

and 发呆。

2014.11.16 ♡ i love here.

人如时光中的一株草木，

在真实的时间中，才能变成琥珀。

真实地活着，比正确地活着重要。

Be colorful.

not just successful

@小雨贝贝-Keran

2014. 7.13

原是异乡的流浪客

直到遇见那片青翠

从前不相信

现在却深深折服在

时间的车轮下。

Mint

阳光永远比阴霾更具永恒穿透力。

于渺远的未来，我必将成为梦想中的自己。

2014.08.28 / FI

@金陵书苑

再见，南京。

带着4岁不到的儿子，本来是想让他爱上阅读，可是他只恋上这里的饮品与美食。情何以堪！！

2015.1.17

青葱岁月

金陵书苑·墨香缘

6.12

六月十二日，这段感情保质期的最后一天，没有指责，推诿和争吵，安静得像我们的第一次见面。可惜的是往日的我们再也看不见，也许这就是现实吧。

岁月是一把无情的刀。

有的人穷其一生寻寻觅觅，而我却是幸运，能在那么早的人生路上就遇见了你。

赵水光
2014.6.6

我在这世界上最想拥有的东西，就是时光机。即使不能改变那些既定的过去，我也愿意回去，像一个旁观者一样，一遍一遍地看我们的故事。

Miss u!

TO：我们的未来

经过过往的种种，我们幸福，我们的酸甜，让我们成长，让我们彼此更珍惜对方。不要让世俗的琐事影响我们的决定！

让爱、让情、让心，牵引我们走进未来的美好！

画、语、卷，都不能证明我们的故事！

让我们用心脉，用血液，来证明我们的爱！

一切让它更加坚固，更加勇敢！

F
2014.10.15

牵着他的手，路过此地，看到这闹中取静之地，便毫不犹豫地走入。

随手拿起一本《幸福的七种颜色》，不经想。这是否是一种缘分，现在的我很幸福。因为有他……也许没有七种颜色，但一定有一种颜色——像泡泡飘在空中，绚烂的彩色。

一杯咖啡，一本书，安静的两个人，偶尔轻声小语，偶尔轻声痴笑，这样的生活缓慢而慵懒，我想满足地说一句：I like it.

不用刻意地去许愿，真正的爱情不需要任何祈祷，有心则已，就这样幸福吧，我们……

滚滚&球球
Q留
2014.6.22

禅心即我心，

我心本善，喜，

我心本恶，厌，

天之道，人之道，

何为道？

本心为道。

喜欢鸳鸯，也不过是喜

欢它的名字，

喜欢你，不是喜欢曾经

那傻傻的自己，

wpy，祝你幸福。

——莲生

爱情，一定是婚姻的前提

而珍惜，才是携手白首的那份必须的执念。

人生何必如初见。

但求相看两不厌。

DD ♡ JJ

2014.6.2. 10:37.

如果时光可以带去现在的我
从前的她会不会不生涩
会不会不像当初那般不懂表达
会不会抓住那双手紧紧不松开
有些人
换个时间遇到结局会不一样
但是时间就是最开这种
我追不上你
你等不及我
的玩笑
现如今只能淡淡回头抿抿一笑

SSDBB

这次我离开你
是风 是雨
是夜晚

你笑了笑
我摆一摆手

一条寂寞的路

便展向两头了

Cancer fue

2015.02.26

心情不好，坐车坐过站，然后站在马路边看了很久的车来车往，突然不知道可以找谁、可以去哪儿。

幸好发现这里，可以看书、可以发呆、可以躲在角落里哭完发泄。

Hey. I'm here. Where are you

梁小鱼

人生那么长，我们爱过无数个人，但是总会有那么一个人是特例——我们在他(她)身上寄予的感情几乎要超越生命的长度和厚度，而这一切都是那么值得。

叶芊辰

to 沈羽晴

2014.12.27

16:50

流浪流浪……

终于发现最好的去处时，

能逗留南京的时间已不多，

轻柔的音乐缓缓萦绕，

一个人，一本书，一杯茶

唯独没有你……

若尘埃
2014.7.14

ZYH

其实挺想你在身边的，可是很多原因吧，哎~

再过两年，你就要去国外了，人生漫漫，我们还能在一起多久，只愿若有心，情依在吧！

谢谢你，我的爱人。

刺青爱人，我想许诺你一生，却知时光荏苒，岁月匆匆。

流浪猫

XJ

遗憾的是不能和你在一起。

还有半个小时，你即将上飞机，一切的一切从高一开始已然说了很多次。昨天看了你的第二封信，很心痛，但感悟很深。这就是现实，无法改变的现实。我想虽然难过，虽然放手很难，但，我该放手了。此刻，坐在咖啡店里，我会静下心来想清楚我要的到底是什么，友谊永远是建立在现实上的，但如果是友情，任何现实也阻挡不了，我们都懂得土地的温度。

致我曾经最爱的未来最好的朋友。

2014.8.15

一杯水

一处安静的地方

一个没有阳光的下午

还有一个陪在身边的你

在这样的环境里

心，慢慢沉下来

这一刻，什么都不重要了

最重要的是和你在一起的时间

Xcc
2014.7.13阴

妈了，我来过，
我经得，
我等过，
少一个你，少一段曾经。

林沐汐

我爱你孤独入深时的重叠，
以绝对思想点稳我最深的恐惧。
而你不用明白这些，
懂前三个字就好。

你是我不及的梦，永远的三毛，永恒的传奇。

是神，是魔，是天堂，是地狱，是撒哈拉。

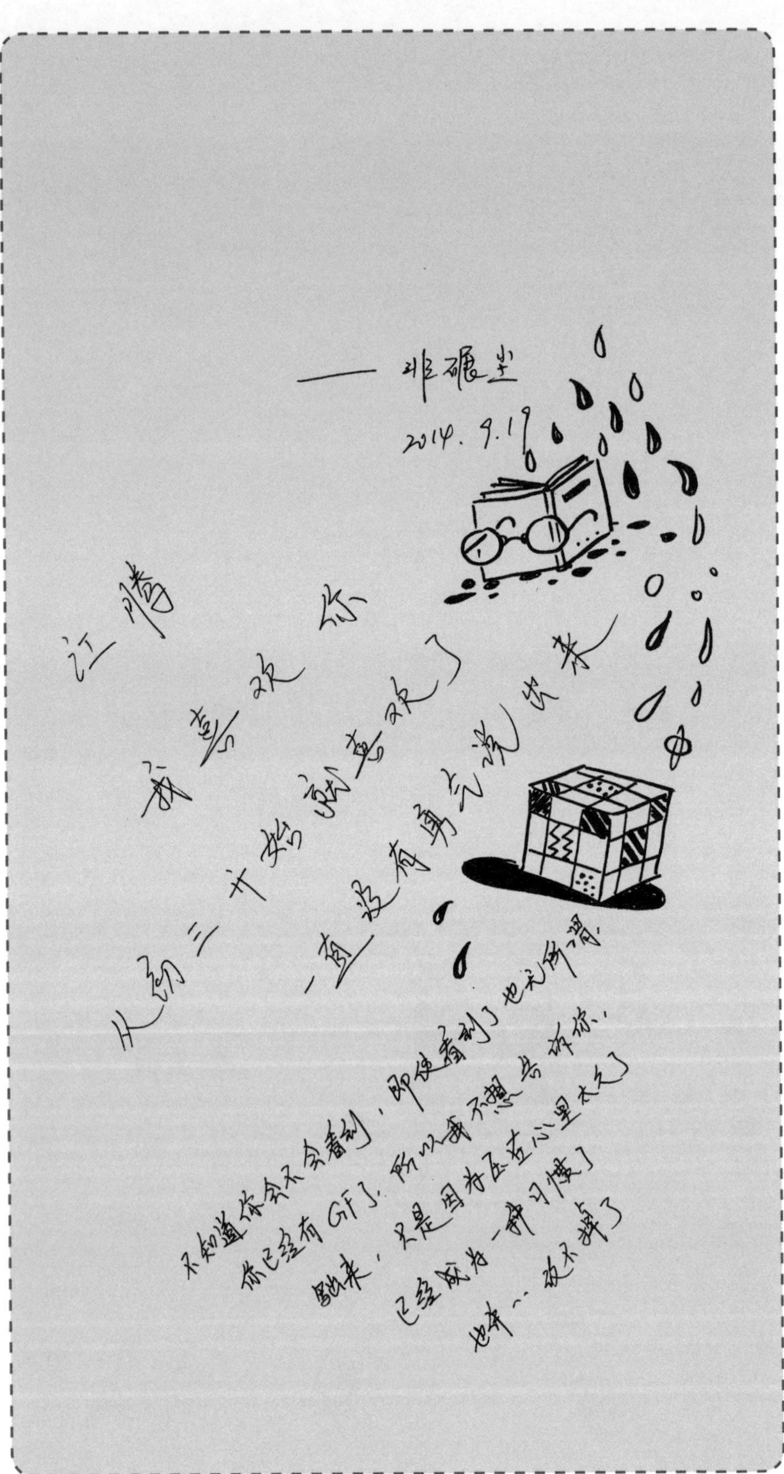

江腾
我喜欢你
从初三开始就喜欢了
一直没有勇气说出来
——非碾尘
2014.9.19
不知道你会不会看到，即使看到了也无所谓，
你已经有GF了，所以我不想告诉你，
写出来，只是因为存在心里太久了
已经成为一种习惯了
也许……改不掉了

沈舒雨 ♥ 吴雨恬.

金陵书苑
2015.2.15

当我喜欢你的时候。
我总是跟你做朋友。
后来朋友告诉我：那叫
暧昧！？!!
真的么？
我只是想多了解
没有得到，就不会失去
Judy

如果能重来

诚实地对待

彼此都没有疑猜

但是重来

不代表会爱得成功或失败

你

是否

爱过

2014.7.15

人生若只如初见
愿那年夏天你我能擦肩
而过
或许在人海中我只能
默默地
看着你和他的背影消失
在路的尽头
可我爱的依然还是你
WWX

WRY
2014.8.31

驻足南京只为多看你一眼，不算短暂、不算漫长的分别考验了我会有多想你。这家书店应该就是你说过的那种，这种味道很好。最害怕别离，却又不得不去面对，生活总会这么残酷，诸多风浪只为了让我们更茁壮地成长，只想和你好好的。

已出发，珍重，下个月见。

一个精彩又陌生的城市。

DYB

耳机里是李志的《山阴路的夏天》。明天，我就要对这个生活了五年的城市真正说再见了，还有我爱了三年的人，一起说再见。

我永远记得南京浓烈的夏天味道，即使梅雨季节的潮湿，也阻止不了炽热的回忆。紫金和仙林，我们在不同的两个校区。70路呼啸地一去不复返的青春，你眉飞色舞地诉说你的梦想。那一刻，我认真地看着你的侧脸，哪怕到了今天，我都清晰记得你在夏日晚风里低喃在我耳畔的呓语。

再见，南京，WZH，我祝你幸福。

莎

你是天空的一片云，偶然投影在我的波心！

中午放学了，期中考已临近，自己却全然没有紧张，昨天在别人的照片中看见你，似乎又瘦了些罢。不在一个学校，但心里却一直有坚持的动力也算安慰吧。

今日的南京细雨霏霏，你呢？今天开运动会不知你是否也有参加呢？

不知……

你是否还能想起去年此时那么喜欢你的我呢？

栖于云端
2014.11.8

出国留学前一个晚上又来到了这里。没有什么人，静得很，想想自己住这里已经有五六个年头，十几天前才发现这个地方，让人很放松、舒适！

每一次来这里都有她的陪伴，我们总是看看书里的图片，说说笑笑，今天却哭了出来。人生就是如此五味杂陈。愿在这里的你一切都好，我会好好照顾自己的。

考拉

2015.01.22

如果你哪天翻到了这一页，希望回忆都是甜蜜的，我爱你。（今天来了，特意来找这页，很想你）

C.2015.3.3

经历是最直接的感悟，

尽管过程带着满身伤痕，但，

因此我们更懂得了珍惜。

曾经轰轰烈烈的誓言，不过是

流年里的飞尘。

简单的平凡，才是最真的，

细水长流。

千寻

2014.8.10

现已初二，过完暑假，初三了！

有个人一直在心里，种下种子，浇水，发芽，开花。

他的学号是23号，班里有个胖女孩——小花痴好像很喜欢他，好几件衬衫上都有23号！（小小嫉妒）。

暑假里买了一件Rock衣，上面印的是17号，真可惜不是23号。

每当看到23这数字，就会想他一

有人问我，你还爱她吗。我差点脱口而出，爱。为什么还会爱你呢？听见你的名字还是会心头一震，想起和你有关的过去还是会难受，看见你的背影心跳都会漏半拍。最后我咽下所有的思念，摇了摇头说，早就不爱了。

相信，会有那么一天，会有那么一个人，

在我最伤心的时候，为我撑起一片天.

我想和你一起

闻闻新鲜的春天，

感受阳光洒满肩头的夏天，

涂着金色的秋天，

和那飘雪的冬天

……

我在这里天会晴

夏川淅

无论结果怎样
我都很感谢你的陪伴
从四年级到高一 七年的陪伴
如此漫长 令我每当想起都鼻子一酸
我对不起你很多
但我依然希望你开心幸福

谢谢，对不起。

嘉

—女朋友第一次画的，感觉有即视感哦我~

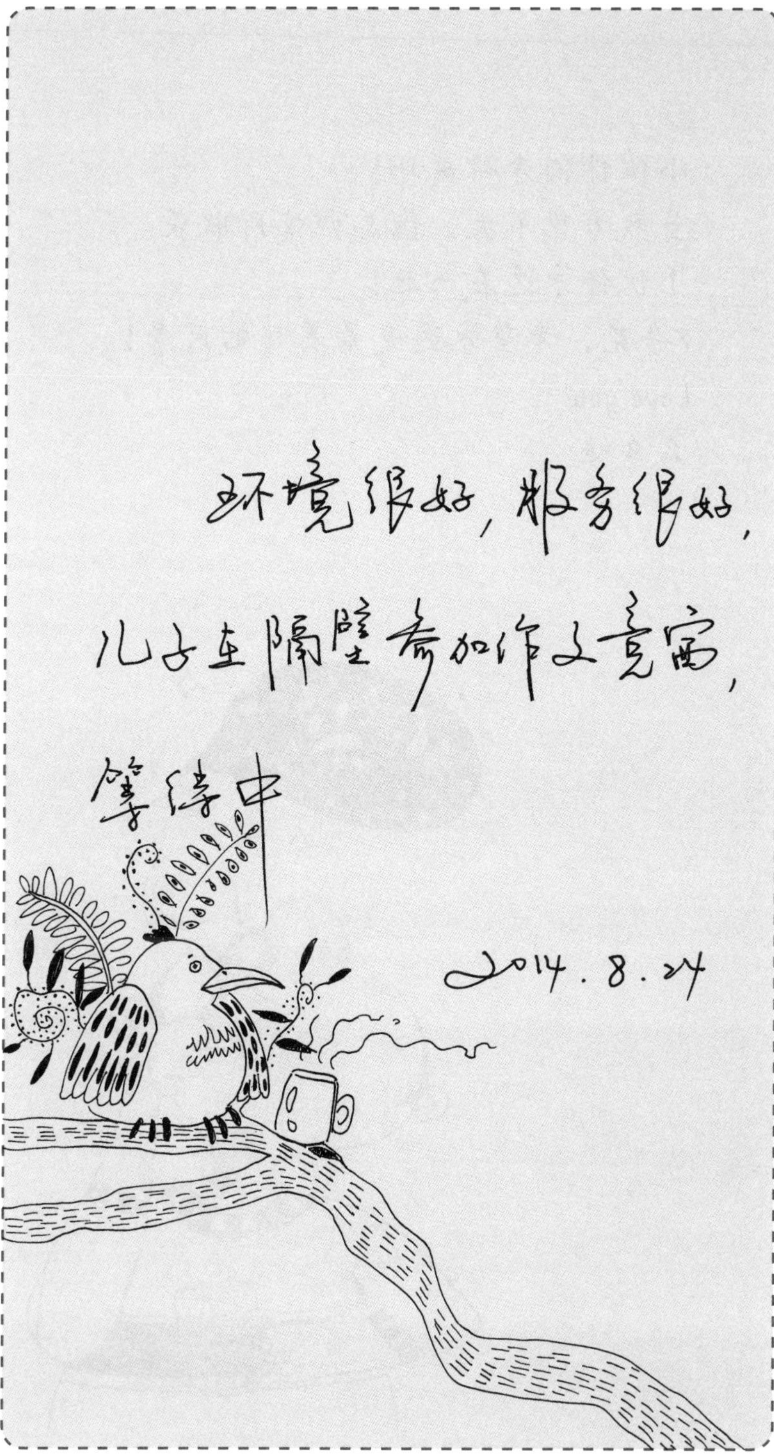
环境很好，服务很好，
儿子在隔壁参加作文竞赛，
等待中
2014.8.24

小伙伴们考研成功！

虽然希望不大，但总归有所收获。

小伙伴永远在一起！

7朵花，希望永远是最美丽的风景！

Love you!

么么哒

还有两个月就美术省统考，现在不知道会考得怎么样，至少我在努力着。过去属于死神，未来属于自己。与其嫉妒别人，不如用行动超过她，加油！自己！你的梦想在未来属于你！

高三
2014.9.22

这是我第二次来这里，果然还是很喜好这里的环境和氛围，离学校很近，却一直都没有时间。现在，在开家长会，内心有点不安，高三后的第一次家长会，不知道老师会说些什么，父母会怎么样认为我这次的成绩。这次考得不是很理想，除了选科还不错之外，另外都考得很遗憾，总分也不高。还有200多天就要高考了，心里很急。我想考的学校是南师大，分数线很高，而我想考的专业的分数线就更高了，不想上三本，努力了这么多年希望最后可以考上一个好的学校。

——非碾尘

2014.9.19

明天就要高考

能在这里将心放空

轻松备考真的很棒

高考并不是12年的终结

而是4年、7年……的开始！

我会做到最好

加油！加油！

Crystal.

6.6.

祝自己顺利通过考试！

这里不仅是看书的好地方，

也是复习考试的好环境．

室外寒风阵阵

室内暖意袭人

Dw

2014.12.01

2015.1月10日

今天，我在金陵书苑写作业和我酒好闺蜜殇一起，非常高兴。♡在这个月里有许多新番，如《东京喰种》、《元气少女缘结神》等，我都超♡爱看。PC当然这个月28日要期末考啦]，在此祝东京喰√2收视率大增！！[高兴ing]×2，愿我和殇期末加油！！♡

黎落

故地重游，但愿有

那么一天，我可以再来到这里，

一切都不变，有梦想，有希望，还有最

后几个小时了，加油！祝福每一个奋斗过

的人。

——RRF 2016.12.28.

光谷

和前面的那一位一起来的第二次。

我也考的不肿么样 T^T 我想考南信大

分数线300多，可我这次才考了260多。

我心中有一个念，考南信大考南信大。

考什么我都不甘心。我只想上南信大。

事在人为，我怕天怕地不怕自己的

命，我准备好了！=w=

——XX年离高考261天。

萌萌哒~ Billionair♡.

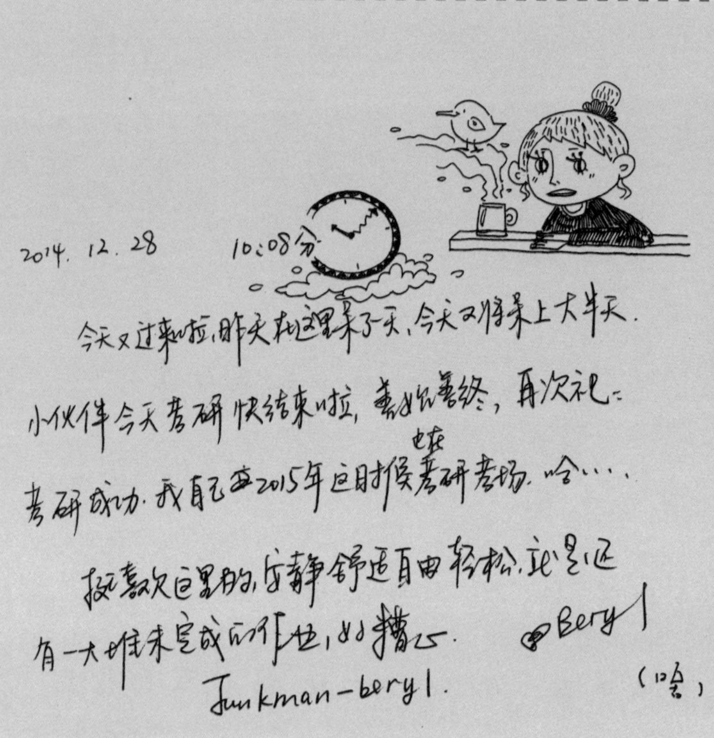
2014.12.28 10:08分

今天又过来啦，昨天在这里呆了一天，今天又将呆上大半天。

小伙伴今天考研快结束啦，善始善终，再次祝她考研成功。我自己要2015年这时候也在考研考场，哈……

挺喜欢这里的，安静舒适自由轻松，就是还有一大堆未完成的作业，好糟糕。

Beryl

Junkman-beryl.

（哈）

亲爱的小伙伴：

今年是离别之年，虽然今年没有考上理想的大学，但我相信我们选择了复读，再努力一年我们一定可以成功，让我们再拼搏一年吧！明年会更好，我相信我们一定考上理想的大学！

by 倩儿.

在最青春的年纪
考入最理想的大学。

2014.9.13
Q.S.Q

今天是2月5日。离高考还有一百多天。

也不说有多大的梦想，尽我所能吧。

希望能考个好一点的二本！ =w=

这是一个舒服自在的地方，让人觉得安宁。

谢谢这里收留了我这样一个采访高考，在考试时间无处停留的尴尬之人。

快11点了，让我去旁边的中学，等待结束考试的学生们吧。

问一问今年的高考题，问一问他们考得可好？

2014.06.07

十八岁了，长大了。应该学着去思考以后该做些什么了。

高三，注定艰难痛苦的过程。艺考并不是放松的借口，看来要好好努力。许个愿，艺考顺利通过！Richard 一直陪伴！

12.04 Amanda 生日快乐。

成人快乐。

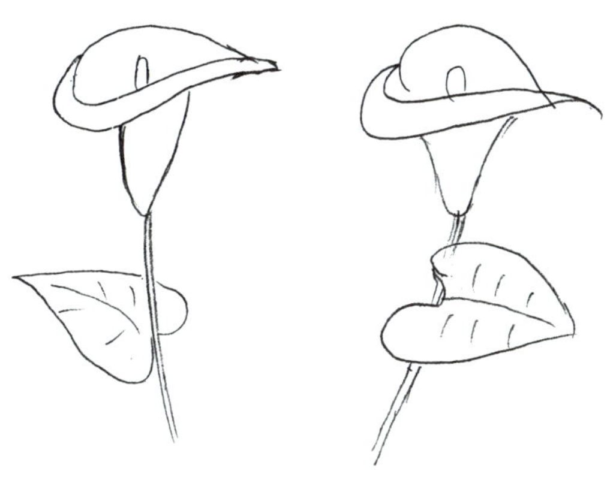

每一个令你难堪的现在都有一个不曾努力的过去，不想以后回味高三时是充满悔恨的，那就努力吧。

破茧成蝶是个美丽而痛苦的过程，我在等待浴火重生的那一天。

阅读心得

金陵书苑·垣里书香

《麦田》《在路上》《在云端》《维特》……描写青年心中迷茫，找不到生活的意义的作品是如此之多，然而没有一个真正给出了答案。难道也要我去这样“体验”一把以后再回到“正常人”的生活中去嫁人生子什么的麻木生活么？！不科学！给人一种没有希望，随你折腾最后总是要殊途同归的绝望感。这就是我最为害怕的事情。

Live long and prosper

杨
2014.8.20

书，是人类通向美好的道路；书，是清新的风；带给我们心旷神怡的享受；书，是一碗温暖的心灵鸡汤；在冬天带来阳光；书，是最美丽的精神物质。读书在某种意义上就是养心。

2014.6.2
南京
——MYS

刚从玄武湖边走过，看到有不少人拿着网，提着桶，就着手电筒在捉泥鳅、黄鳝。转过来，在这里静静地读一会儿书，喝一杯咖啡，两天的忙碌似乎都消散了……

摘一句《犹太人成功的秘密》：

“犹太人成功准则的第一条就是从不对任何事情想当然。”

Quietdaisy
2014.6.5

读书可以养气

$$Book \xlongequal{Read} B + K + O_2\uparrow$$

"养气"

$$4Book(过量) \xlongequal{Read} 2K_2O + B_2O_3 + O_3\uparrow + 2B$$

其实，已记不清多久没读书了。在我看来，能够上"读书"涵义的，唯小说而。中国人已适应了浮躁的碎片化阅览，而一部精彩的小说才是读者应觅之径。

从现在起，每年读三本小说。

你？能做到吗。

2014年仲夏，自勉。

《像我这样笨拙地生活》

1. 爱情不是永恒的，追逐爱情是永恒的。
2. 任何在爱情中的人都是阴谋家。
3. 你如果说爱是天空，那四季的天空也很不同，澄明的天空，有云的天空和夜晚的天空，它们合在一起可能才是所有的天空。你非认为就那个树梢被风吹动的一瞬间是爱，那肯定是太狭隘了。
4. 任何所谓完美的关系都是不存在的，因为我们都不完美。
5. 我相信一见钟情。但是，只相信一见钟情。
6. 欲望以它的方式探索神圣。
   毫无疑问，我们必须恋爱。
7. 自我是一个虚幻的概念。
8. 任何掩饰都是在解决之路上放了一块大石头。
9. 人对自己的无知，对他人的无知，有时候是令人发指的。
10. 勇敢一点吧，我们除了勇敢
11. 所有的解释都不过是试图发现的过程。
12. 我不是正经人，我是个严肃的人

6.20.

9ry. 摘

我们默然的对着，

静听那汩一汩的桨声，几乎要入睡了；

朦胧里却温寻着适才的繁华的余味。

我那不安的心在静里愈显活跃了！

这时我们都有了不足之感，

而我的更其浓厚，

我们却只不愿回去，

于是只能由懊悔而怅惘了。

船里便满载着怅惘了。

14.8.14

人生若只如初见，何事秋风悲画扇。

多美的句子，纳兰性德的名气或许比不上其他文人墨客，但这句清丽的词却像幽香一样，久久萦绕于心，挥之不去。

郭一一·于南京

金陵山麓墨韵居

2015.8.30

《感谢自己的不完美》

好书一本。直面自己的负面影像。不逃避、不放纵。当它们是自我的人格。

2016.1.7.

王雨宇.

不管你有多着急

或者你有多害怕

我们现在都不能往前冲

冲出去也没有用 飞不起来的

现在我们只需静静地，等风来

读书是人生进步的阶梯，阅读是增长知识的途径，社会的进步在于每一个人对知识的追求，人类的素质唯有通过知识的积累方能到达理想的彼岸。

可以食的书香，
可以阅的食物。
以文会友，
以友悦文。
书、音乐、美术乃人类进化的标志和产物。只要人类进化不终止，书、音乐和美术就将永恒流传……

猫哥
2014.12.8

《幸福的七种颜色》

没想到在这片喧嚣繁华的城市
就在这个角落
有这样一片宁静的乐土
虽然，
有爱，有家，有朋友皆是幸福
但，这一刻
心境的平和、放松也是一种幸福
只要你认真寻找
幸福比比皆是
幸福是无限的

曹英

你要去相信，
没有到不了的明天！
愿有人陪你颠沛流离，
如果没有，愿你成为自己的太阳。

我相信，所有的相遇都是一种缘分，今天来到金陵书苑，拿起这本书，就是缘分使然。

很久没有看能够如此激发出我心中热情的书，很幸运我能在今天读到它。

也许我很久都没有热情洋溢地面对生活，也许我的思想中多了些消极因素，我恰好不知怎样排解这些情绪，于是我读到了这本书。

它教会我认清生活的真相后，依然热爱生活！

Zhong
14.6.20

童画故事

金陵书苑·墨香缘

希尔瓦娜斯·风行者

阿姨-陪

我在爬城墙
我六岁了
这是我
我叫川

我爱你金陵𦳣𦳣
妙妙
2014年7月4日.

真是个安静优美的地方
这里好漂亮呀！

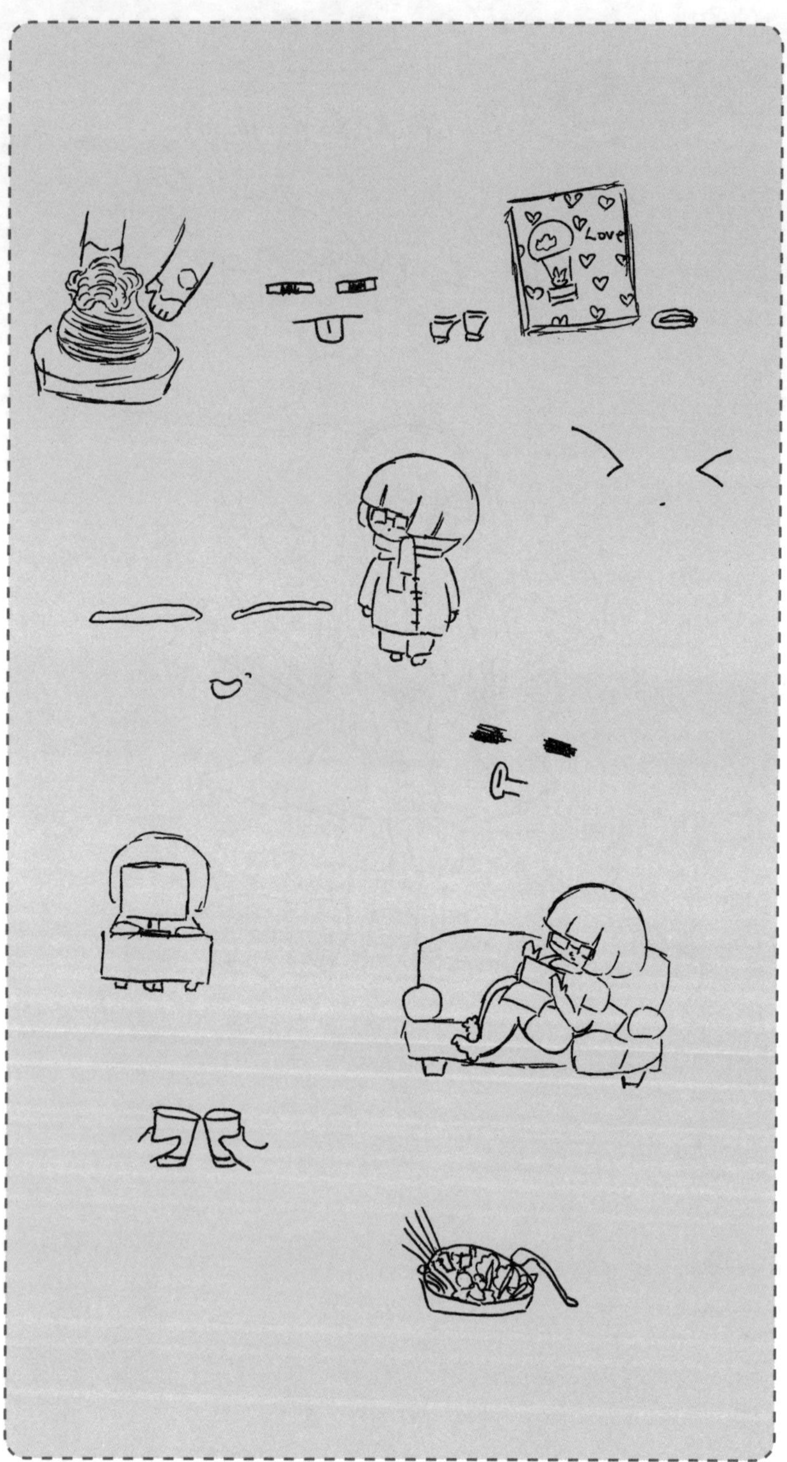
Love

张涵秋 2015年
来过南京
Angela
1月2日
南京您好！
张秋
13

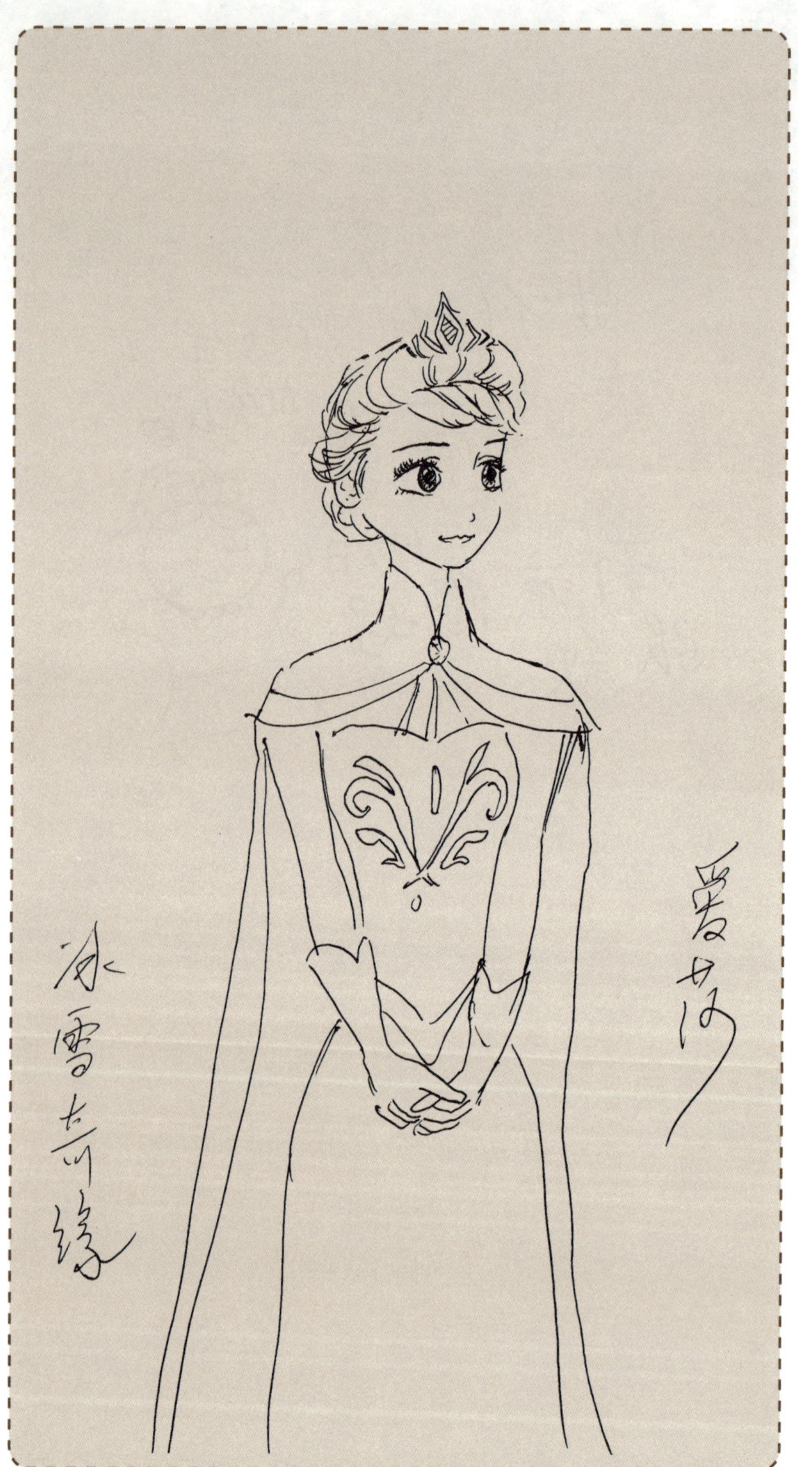
爱莎
冰雪奇缘

xbb . 2014 . 8. 18

中华门→武定门。
2014.11.11.
小朋友4岁。
中华门

2015.1.6.
夫子庙小学
三(2)班
朱子萱
周渔田 8岁
2014年10:21

2014.11.11.徐锦泽小朋友7岁

年 月 日 时

年 月 日 时

年 月 日 时

年 月 日 时

年 月 日 时

年　月　日　时

年　月　日　时

年 月 日 时

年 月 日 时

图书在版编目（CIP）数据

阅读札记 / 朱同芳主编. -- 南京：南京出版社，2015.4

ISBN 978-7-5533-0897-5

Ⅰ.①阅… Ⅱ.①朱… Ⅲ.①读书笔记－中国－现代 Ⅳ.①G792

中国版本图书馆CIP数据核字（2015）第073003号

书　　名：阅读札记
主　　编：朱同芳
出版发行：南京出版传媒集团
　　　　　南 京 出 版 社

社址：南京市太平门街53号　　邮编：210016
网址：http://www.njcbs.cn　　淘宝网店：http://njpress.taobao.com
电子信箱：njcbs1988@163.com
联系电话：83283871、83283864（营销）　83112257（编务）

出 版 人：朱同芳
责任编辑：方　婧
装帧设计：王　俊
插　　画：花　哨
责任印制：杨福彬

排　　版：南京新华丰制版有限公司
印　　刷：南京凯德印刷有限公司
开　　本：889毫米×1194毫米　1/24
印　　张：9
字　　数：40千字
版　　次：2015年4月第1版
印　　次：2015年4月第1次印刷
书　　号：ISBN 978-7-5533-0897-5
定　　价：28.00元